Die perfekte Gastgeberin

Helga Hahn

Die perfekte Gastgeberin

Gelungene Feste,
zufriedene Gäste.

Hahn, Helga:
Die perfekte Gastgeberin: Gelungene Feste, zufriedene
Gäste/Helga Hahn. – Wiesbaden: Englisch, 1989, 6. Aufl. 1993

ISBN 3-8241-0366-4

Die Ratschläge in diesem Buch sind von der Autorin und vom Verlag sorgfältig
erwogen und geprüft, dennoch kann eine Garantie nicht übernommen werden.
Eine Haftung der Autorin bzw. des Verlages und seiner Beauftragten für
Personen-, Sach- und Vermögensschäden ist ausgeschlossen.

Inhaltsverzeichnis

Originelle Einladungs-, Tisch- und Grußkarten

Dekorativ gedeckte Tische

Dekorativer Blumenschmuck

Ansprachen und Toasts

Originelle Einladungs-, Tisch- und Grußkarten

Collagen

Mit ein bißchen Phantasie lassen sich wunderschöne Glückwunsch-, Gruß- und Einladungskarten mit wenig Aufwand herstellen.

Material:
– Geschenkpapier,
– gelochtes Metallband,
– Federn,
– rechteckige Karte.

Material:
– Plastikstrohhalme,
– Metallfolie,
– Glanzfolie.

Material:
– Glanzbilder.

Flechtkarten

Für diese Flechtkarten können Sie bunte Papierreste oder Bilder aus Illustrierten verwenden.

Zunächst werden die Papiere in schmale Streifen geschnitten, und danach wird das Passepartout für die Karte ausgeschnitten.

Kleben Sie nun die Papierstreifen flechtmusterartig auf die Abdeckkarte. Das Passepartout wird zum Schluß auf das fertige Muster gesetzt.

Material:
– Doppelkarte,
– Papierstreifen.

Faltkarten

Diese dreidimensionalen Kartengrüße sind zusammengeklappt so flach, daß sie in einen Briefumschlag passen und per Post verschickt werden können.

Material:
– weißer dünner sowie etwas dickerer Karton,
– Geschenkpapierreste,
– Federn,
– Bleistift,
– Lineal,
– Schere,
– Papiermesser mit auswechselbarer Klinge.

Die Skizze der ersten Karte „Geschenkkartons" zeigt die einfache Technik, nach der diese Karten hergestellt werden. Die in der Skizze durchgezogenen, dicken Linien werden mit dem Schneidemesser geschnitten. Die gestrichelten Linien werden nur vorsichtig an der Vorderseite und die gepunkteten an der Rückseite angeritzt und anschließend treppenförmig geknickt.

Die herausklappbaren Kartons werden nun mit Geschenkpapier beklebt. Zum Schluß wird die Karte in einen zweiten, etwas dickeren Karton geklebt. Wichtig ist, die treppenförmig geknickten Teile nicht mit festzukleben.

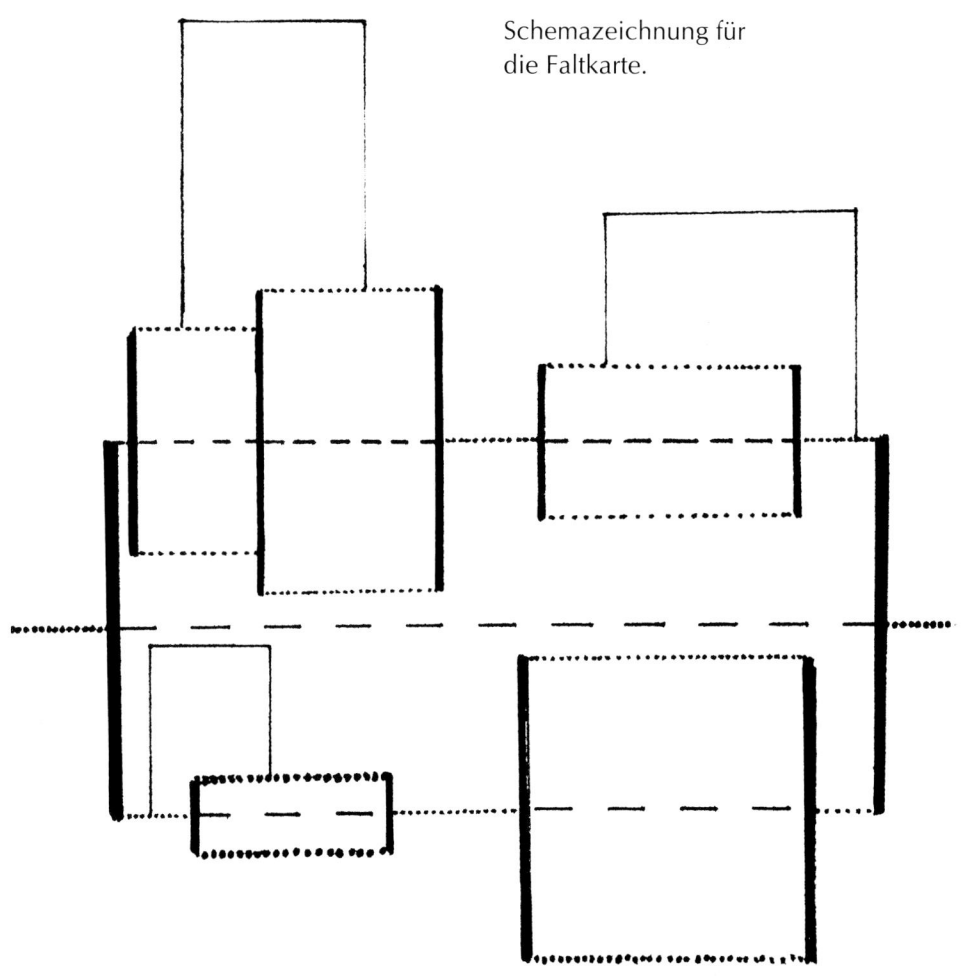

Schemazeichnung für die Faltkarte.

Material:
– Faltkarte,
– schwarzes Glanzpapier,
– Silberpailletten.

Auch das Rad eines Pfaus eignet sich für eine Faltkarte. Ein quadratisches Stück Papier wird hierfür wie ein Fächer geknickt und zusammen mit dem aus Pappe geschnittenen Pfau in die Karte eingeklebt.

Linolschnitt

Wenn Sie mehrere gleiche Karten anfertigen wollen, eignen sich hierfür verschiedene Drucktechniken.
Zu den einfachsten Verfahren gehört der Linolschnitt.

Material:
– einfarbige Linoleumplatten,
– Werkzeuge wie Hohlmeißel, Geißfuß und Konturenmesser,
– Hartgummiwalze,
– Glasplatte,
– Japan-Aquafarbe.

Bevor man überhaupt mit dem Linolschnitt anfängt, sollten zuerst einmal die einzelnen Schneidewerkzeuge an einem Stück Linoleum ausprobiert werden. Wenn Sie sich mit der Wirkung der Werkzeuge vertraut gemacht haben, wird das Linoleum auf die Größe der zu druckenden Karte zugeschnitten. Mit einem Bleistift kann man nun die Zeichnung übertragen. Die auszuhebenden Flächen können mit Deckfarbe gekennzeichnet werden.

Mit der linken Hand halten Sie die Linoleumplatte fest und führen mit der rechten Hand das Schneidemesser mit leichtem Druck vor sich her.

Mit dem fertigen Schnitt können Sie nun beliebig viele Karten drucken.

Hierzu wird etwas Japan-Aquafarbe auf einer Glasplatte mit der Gummiwalze verteilt, so daß die Farbe gleichmäßig auf der Walze haftet. Danach rollt man sie über das Linoleum, wobei nur das Relief eingefärbt wird. Zum Schluß legen Sie die vorbereitete Karte auf den Schnitt, streichen sie mit dem Handrücken glatt und heben sie vorsichtig wieder ab.

Fensterkarten

Besonders viel Freude machen Fensterkarten, die durch ausgefallene Rahmen immer wieder anders gestaltet werden können.
Material:
– 2 gleichgroße Karten,
– verschiedene Folien oder gepreßte Blüten,
– Schneidemesser.

Zuerst malt man das entsprechende Fenster auf eine Karte und schneidet es mit dem Messer aus. Die zweite Karte wird nun mit Folie oder Blüten beklebt. Beim Gestalten der Landschaft hinter dem Rahmen sollten Sie immer wieder die optische Wirkung durch den Fensterausschnitt überprüfen. Zum Schluß wird das fertige Motiv hinter das Fenster geklebt.

Material:
– Doppelkarte (man kann diese Karte aufklappen),
– Transparentpapier,
– durchsichtige Folie,
– Glanzpapier.

Material:
– 2 Karten aus schwarzer Pappe,
– schillerndes Glanzpapier (Geschenkpapier),
– Glanzpapier,
– gepreßte Blätter.
Eine Karte, die je nach Lichteinfall immer wieder anders aussieht.

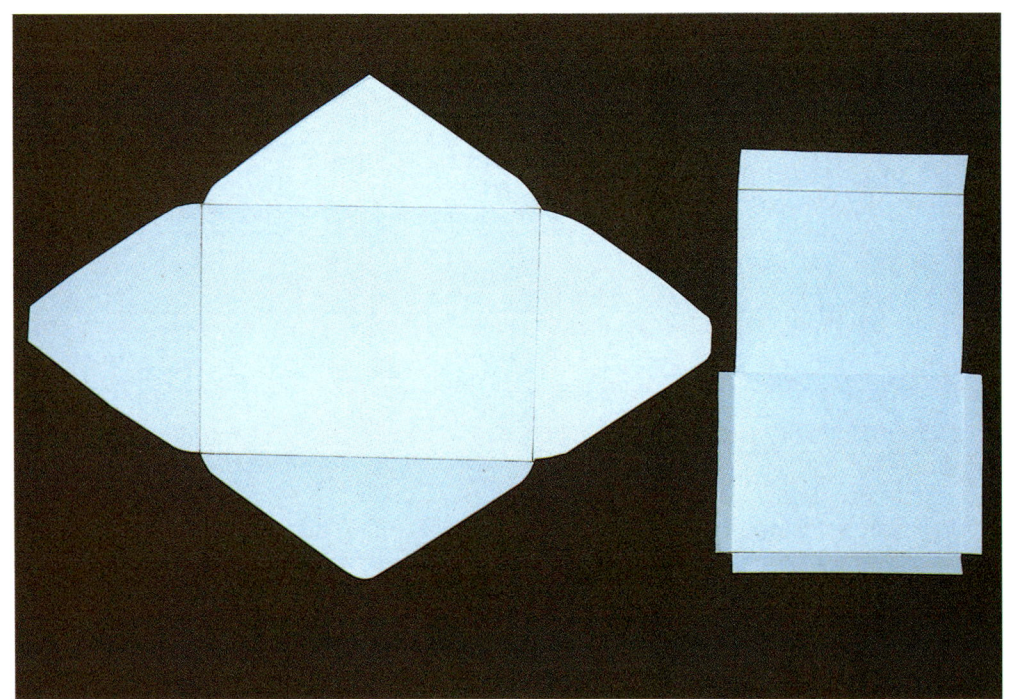

Briefumschläge

Auch die Umschläge für Ihre selbstgebastelten Karten können Sie selbst herstellen.

Sie werden nach dem vorgegebenen Muster ausgeschnitten und zusammengeklebt.

Besonders schön sind Umschläge aus Geschenkpapier. Die Adresse wird auf ein aufgeklebtes weißes Etikett geschrieben.

In vielen Geschäften erhält man originelles Geschenkpapier, das zum Beispiel mit Straßenkarten großer Städte bedruckt ist. Einen Umschlag faltet man entweder aus diesem Papier oder aus alten Straßen- und Landkarten.

Vielleicht haben Sie noch einen alten Plan zu Hause und überraschen Ihre Freunde mit einer Einladung. Auf den Straßenplan können Sie auch den Weg zur Party einzeichnen.

Wenn Sie Ihre Karten nicht mit der Post verschicken, sondern selbst überreichen, lohnt es sich, die kleinen Kunstwerke zu verpacken. Lustiges Papier, das zum Beschenkten oder zum Geschenk paßt, finden Sie sicher. Eine dicke Schleife macht das Ganze noch hübscher.

Aber auch fertig gekaufte Umschläge lassen sich mit Schleifen und Bändern dekorieren. Die dicken Schleifen werden in der Mitte mit einem dünnen Draht oder mit einem zweiten Stück Band zusammengehalten und dann auf die Rückseite des Umschlages geklebt. Man kann die Bänder aber auch auf der Vorderseite drapieren. In einen Schlitz, der mit einem Schneidemesser in das Papier geritzt wird, steckt man die Bänder einzeln ein und klebt sie auf der Innenseite des Umschlages fest. Ziehbänder kann man hierbei kräuseln oder glatt über das Papier fallen lassen.

Dekorativ gedeckte Tische

Essen und Trinken soll zwar Leib und Seele zusammenhalten, wie es im Sprichwort unserer Altvorderen heißt. Doch mindestens ebenso wichtig ist die Variante, daß der Mensch nicht nur mit dem Mund ißt, sondern gleichermaßen mit dem Auge.

Je vollendeter die Köche das Mahl zuzubereiten verstanden, je mehr die Gastlichkeit wuchs, um so verfeinerter wurde auch die Tischkultur. Seit der Antike sind uns Zeugnisse dieser Entwicklung überliefert. Schon bei den alten Ägyptern gab es ein festes Zeremoniell bei den Festmahlen am Hof der Pharaonen; vorgeschrieben waren bestimmte Weine zu den unterschiedlichen Gerichten. Und die Sitzordnung war ebenso festgelegt wie die Musik, die das Tafeln begleitete.

Bei den Griechen lernte man, im Liegen zu speisen, wobei das „man" durchaus wörtlich zu nehmen ist. Denn Frauen waren bei diesen Tafeleien bestenfalls als Zaungäste geduldet. Sie mußten mit verhältnismäßig unbequemen Korbstühlen vorliebnehmen, während die Männer, auf einer Art Sofa liegend, gleich mehrere Tage lang den Freuden der Tafel zusprachen. Dabei ging es durchaus nicht nur um die schönen Dinge des Lebens. Große Politik und Geschäfte wurden hier gleichermaßen behandelt – Geschäftsessen auf antik sozusagen.

Die Herren Ritter des Mittelalters orientierten sich nur zu gern an den antiken Vorbildern; im allgemeinen Leben ebenso wie bei den Tischsitten. Allerdings ging es zu jenen Zeiten noch etwas rauher zu als heutzutage. Das Messer war das einzig bekannte Eßwerkzeug. Ansonsten benutzte man die Finger. Erst im Italien des 16. Jahrhunderts kam die Eßforke, die Gabel, auf. Man trug damals gerade große Halskrausen, und die erforderten, wollte man sich nicht ständig bekleckern, einfach neue Eßmethoden.

Daraus haben sich bis heute unsere Sitten bei Tisch entwickelt. Selbstverständlich galten diese Gesetze der Eßkultur immer nur bei Hofe und in den Adelshäusern. Bei den Bauern war es allgemein üblich, aus einer in den Tisch eingelassenen Kuhle zu löffeln – auch der Löffel war ja ein altes Eßwerkzeug. Erst mit dem bürgerlichen Zeitalter wurde das gepflegte Essen und Trinken zur „Volksbewegung".

Heute gehört ein schön gedeckter Tisch zu unserem Alltag. Die Hausfrau wertet mit vielen Kleinigkeiten, die eine Tafel verschönern können, selbst den normalen Familientisch auf – wie das Essen, das sie in immer raffinierterer Weise zuzubereiten versteht.

Um so mehr gilt dieses Gesetz vom schön gedeckten Tisch, wenn Gäste angesagt sind oder eine Familienfeier ansteht. Mit der gleichen Kreativität, mit der in der Küche gearbeitet wird, möchte man den Genuß bis auf den Teller begleiten. Das Essen soll Spaß machen, zum Erlebnis werden für den Gaumen – aber ebenso auch für das Auge.

Die Festtafel

Anlässe gibt es im laufenden Jahr genug, den Tisch für ein besonderes Essen auf die schönste Art zu decken, das gute Porzellan und das Silberbesteck aus dem Schrank zu nehmen und wirkungsvoll zur Geltung zu bringen: durch feine Tischwäsche, raffinierten Blumenschmuck und edle Kerzenleuchter als Begleiter. Und auch mit Bändern und Schleifen, Blütenkränzen, Efeuranken und Tischkarten zu jedem Gedeck läßt sich eine Festtafel phantasievoll aufputzen. Steht die Menüfolge fest, schreiben Sie die einzelnen Gänge für jeden Gast auf hübsche Menükarten, die es in guten Papiergeschäften gibt. Sie liegen später links neben den Gedecken oder auf dem Brottellerchen. Freunde oder Verwandte werden sie garantiert als Erinnerung an einen gelungenen Abend mit nach Hause nehmen.

Nach dem Menü richtet sich natürlich auch die Art der Gedecke. Für jeden Gang gibt es einen Teller. Bei einem umfangreichen Essen werden nicht alle Teller aufeinandergetürmt, sondern nur jeweils ein bis zwei Gedecke. Weitere Teller stehen auf einem Sideboard oder einem Servierwagen bereit, eventuell auf einer Warmhalteplatte. Beim Besteck verhält es sich ähnlich.

Damit der Tisch nicht zu überfüllt und eng wird, liegen nur die Besteckteile für höchstens drei Gänge rechts und links neben den Tellern. Zusätzlich benötigtes Besteck wartet ebenfalls bei den Reserve-Gedecken.

Wie wird gedeckt?

Hübsch, wenn als erstes bei besonderen Menüs vor jedem Gast ein Platzteller in Silber oder Porzellan steht. Er ist größer als ein Eßteller. Darauf werden die Teller der einzelnen Gänge gesetzt. Er bleibt also bis zum Dessert stehen und dient nur als Schmuck. Inzwischen gibt es auch Platzteller aus Pappe in Gold oder Silber, die sehr dekorativ wirken und nicht teuer sind. Echte versilberte Teller wirken natürlich eleganter. Ein Platzteller kann, muß aber nicht sein.

Auf dem Platzteller steht der große Eßteller als erstes. Darauf ein Suppenteller oder die Suppentasse. Weitere Gedecke, die für Vorspeisen oder den Fischgang benötigt werden, stehen auf dem Servierwagen oder dem Tellerwärmer bereit. Häufig wird die Vorspeise direkt in der Küche auf Portionstellern arrangiert und dann gefüllt zu Tisch gebracht. Links neben dem Platz- oder großen Eßteller plaziert ist der Brotteller, kleiner als ein Kuchenteller. Gehören solche nicht zum Service, kann auch eine Untertasse als Brotteller dienen. Auf dem Brotteller liegt das Buttermesser, kleiner als ein Menümesser. Auch Obstmesser können als Buttermesser verwendet werden, sie haben etwa ihre Größe.

Das Besteck richtet sich wieder nach der Gangfolge. Rechts außen liegt als erstes der Suppenlöffel, dann folgt nach innen liegend das Besteck für die Vorspeise: rechts Messer, links Gabel, dann eventuell das Fischbesteck und zuletzt, direkt am Tellerrand, das Menübesteck. Oberhalb des Gedecks liegt das Dessertbesteck: kleiner Löffel und Kuchengabel, außen der Löffel mit dem Stiel nach rechts innen, die Gabel mit dem Stiel nach links.

Hier wurde für Suppe, Fisch und Hauptgang gedeckt.
Links steht der Brotteller mit dem Buttermesser, oben liegt ein Dessertlöffelchen.
Die Gläser zeigen an, als erstes Champagner oder Sekt, danach Weiß- oder Rotwein.
Foto: WMF

Die Gläser stehen auch hier in der Reihenfolge der gereichten Getränke von innen nach außen, in einer Reihe oder im Dreieck angeordnet. Steht als allerletzter Gang ein Käsesortiment auf der Menükarte, werden später Messer und Gabeln dazu gedeckt. Den Brotteller nimmt die Gastgeberin weg, wenn er nicht mehr benötigt wird; das kann nach der Vorspeise oder der Suppe der Fall sein.

Die Serviette liegt auch hier links neben dem Gedeck oder steht hübsch gefaltet auf dem Menüteller.

Damit der Tisch nicht überladen wirkt, stehen eventuell die Schüsseln mit den Speisen auf einem Servierwagen oder kleinen Tischchen in erreichbarer Nähe der Gastgeberin, die aufmerksam verfolgt, wann nachgereicht werden kann. Ist jedoch genug Platz auf der Tafel, können sie natürlich auch hier stehen.

Ein Tisch in zartem Blau, das sich im Dekor des Porzellans wiederfindet. Die vielen Glasleuchter korrespondieren mit den langstieligen Gläsern, alles wirkt zart und elegant.
Foto: Rosenthal

Ein Farbton sollte immer dominieren, wie hier das Altrosa der Tischdecke, auf der weißes Porzellan besonders edel wirkt. Kerzen und Blumenschmuck sind darauf abgestimmt.
Foto: WMF

*Hier glänzt Silber-
besteck und funkeln
edle Gläser. Zartes
Porzellan auf feinem
Damast und Stoff-
servietten in eleganten
Ringen, aparter Blumen-
schmuck und Kerzen-
licht: Das Festmenü kann
beginnen.
Foto: Friesland.*

Die Kaffeetafel

Die Kaffeetafel am Nachmittag verlangt nach einer besonderen Atmosphäre, sie soll heiter und beschwingt, liebenswürdig oder sogar verspielt sein. Denn am Nachmittag trifft man sich zum Plaudern, oder auch um einen Geburtstag oder Namenstag zu feiern, findet sich am Sonntag die Familie mit den Verwandten oder Freunden zusammen. Blumenschmuck und Bänder, Kerzen und bunte Servietten mit den zu Tisch und Porzellan passenden Dekoren zaubern ein freundliches Bild, eine Tafel, an der sich eine gelöste Stimmung entwickelt.

Wie wird gedeckt?

Vor jedem Teilnehmer der Tischrunde steht der Kuchenteller mit der Kuchengabel darauf oder rechts daneben. Rechts vom Gedeck steht die Kaffeetasse mit dem Kaffeelöffelchen. Die Serviette liegt auf dem Kuchenteller oder links daneben. Wird ein Likör, Sherry oder Champagner am Nachmittag gereicht, steht das entsprechende Glas links vor der Kaffeetasse.

Auf dem Tisch finden außerdem noch Platz: die Kaffeekanne auf einem Stövchen, Kuchen oder Gebäck, Zuckerdose und Milchgießer und natürlich die Dekoration wie Blumen und Leuchter.

Rosa Sets auf der feinen Tischdecke und zarte Satinschleifen, dazu der bunte Blumenstrauß setzen hier Akzente. Foto: Villeroy & Boch.

Kaffeetafel im ländlichen
Stil, die gut in ein rustikal
eingerichtetes Wohn-
zimmer paßt. Besonders
hübsch: der herbstliche
Ährenkranz.
Foto: Friesland

Ein Kerzenherz auf
jedem Gedeck erzielt
hier die festliche
Wirkung.
Schmückendes Element:
die weißen Papier-
servietten im Porzellan-
gefäß und die Torten-
spitze auf der kräftig
blauen Decke.
Foto: Friesland

Dekorativ gefaltete Servietten

Sie sind kleine Kunstwerke und nur dazu gemacht, die Tafel für einen kurzen Augenblick zu schmücken. Kaum läßt sich die Tischrunde nieder, wird der erste Gang serviert, nehmen sie eine andere, eine nützliche Stellung ein. Dann sind sie nur noch für die Reinlichkeit da. Trotzdem – auf kunstvoll gefaltete Servietten, von denen hier die Rede ist, kann kein gepflegt gedeckter Tisch verzichten. Der Zeitaufwand ist weniger hoch, als vielleicht viele annehmen. Mit ein wenig Übung geht die Faltarbeit schnell von der Hand. Außerdem gibt es auch ganz simple Faltbeispiele, wie etwa der Bierstengel oder der Fächer. Hier finden Sie nun acht klassische Servietten–Faltmotive, von denen Sie sich aussuchen können, was Ihnen am besten gefällt oder am leichtesten erscheint.

Zuvor noch einige Tips, damit das Falten gelingt: besonders gut lassen sich Servietten falten, die gestärkt und exakt gebügelt sind – vor allem auch die Nähte. Der Fachmann sagt übrigens nicht „falten", sondern Servietten „brechen". Hier also einige Beispiele dieser hohen Kunst.

Hübsch für die Kaffee-tafel: die zur Tüte gefaltete Serviette, mit einem langen Band umschlungen. Eine ansprechende und doch einfache Dekorationsidee. Wichtig ist, daß die Farben harmonisch zusammenpassen. Foto: Duni

Der Schmetterling

— Zuerst die Serviette zu einem Dreieck falten, mit der geöffneten Spitze nach oben.

— Die linke Ecke an die mittlere Spitze legen und die so entstandene Raute wenden, so daß die losen Spitzen nach oben zeigen.

— Die untere Spitze nach oben falten, so daß wiederum ein Dreieck entsteht.

— Die rechte Spitze etwas in die links gebildete Tasche stecken und die linke Spitze so nach rechts klappen, daß eine Figur ähnlich einer Bischofsmütze entsteht.

— Die Figur aufstellen, herumdrehen, die Spitzen rechts und links nach unten biegen.

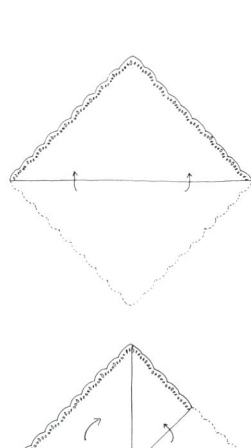

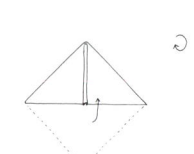

Die Fanfare (Fächer)

- – Die Serviette in der Mitte falten.

- – Zwei Drittel des entstandenen Rechtecks in etwa 2 cm breite Ziehharmonikafalten legen.

- – Jetzt das Ganze wieder in der Mitte falten, und zwar so, daß die Falten nach außen liegen.

- – Nun die rechten Ecken nach links falten, so daß etwa 2 bis 3 cm überlappen.

- – Den überstehenden Rand nach unten umbiegen, er bildet die Basis, auf der die Fanfare steht.

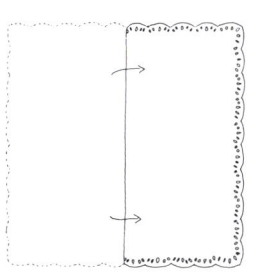

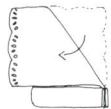

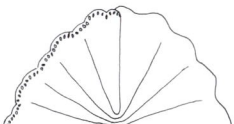

Die Bischofsmütze

- Die glatte Serviette vor sich hinlegen und in der Mitte nach unten falten, die linke obere Ecke zur Mitte nach unten legen.

- Die rechte untere Ecke zur Mitte nach oben falten, so entsteht eine Raute.

- Serviette wenden, so daß die Dreiecke nach unten liegen.

- Die Raute in der Mitte falten, und zwar nach unten. Die Spitzen der Dreiecke müssen nach unten überstehen.

- Nun wird das rechte Dreieck über die Querkante nach vorn übergeschlagen – alle Brüche fest andrükken.

- Die Serviette umdrehen und die Ecken ineinanderstecken.

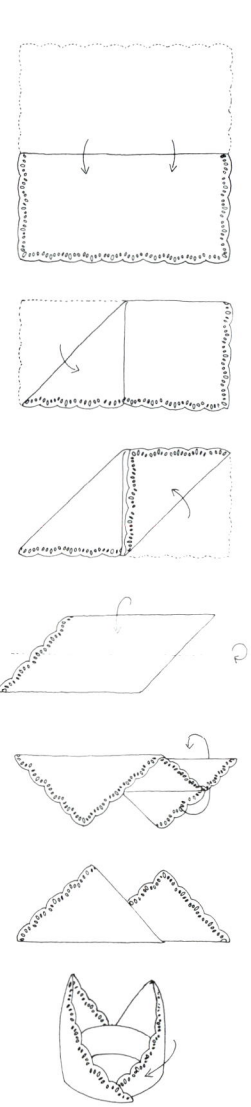

Die Dschunke

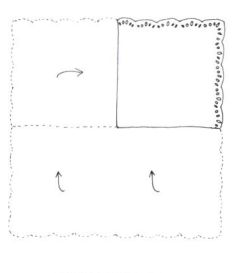

- Die Serviette mit der linken Seite vor sich hinlegen und in der Mitte nach oben falten.

- Serviette in der Mitte zusammenfalten, so daß ein Quadrat entsteht. Aus dem Quadrat ein Dreieck falten, dessen offene Seite nach oben zeigt.

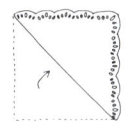

- Die rechte und die linke Seite des Dreiecks zur Mitte hin legen. Die unteren Spitzen nach hinten knicken und die äußeren Ecken der Dschunke nach hinten zusammendrücken. Dabei mit der rechten Hand halten.

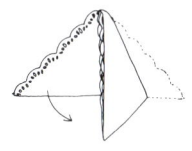

- Jetzt die einzelnen Spitzen herausziehen und die Dschunke hinstellen.

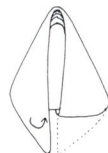

Die Lilie

- Die glatte Serviette gerade hinlegen und die obere Spitze zum Dreieck nach unten falten.

- Die oberen Ecken zur unteren Spitze legen, so daß ein Viereck entsteht. Die beiden ersten unteren Spitzen nach oben legen.

- Jetzt die untere Spitze des Vierecks einige Zentimeter unterhalb der Mittellinie nach oben legen und diesen Teil noch einmal einschlagen.

- Die beiden Enden der Serviette nach hinten zusammenstecken. Die beiden Enden der oberen Zipfel nach unten biegen und in den Rand einstecken.

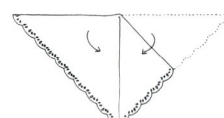

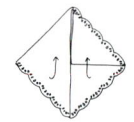

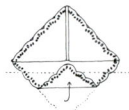

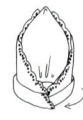

Das Windrad

- Geöffnete Serviette hinlegen und die rechte obere und linke untere Ecke zur Mitte hin falten. Das Ganze wenden.

- Jetzt wiederum die beiden Ecken zur Mitte hin falten und das Ganze wieder wenden.

- Nun ist ein Quadrat entstanden, von dem die Ecke unten und die Ecke oben wieder zur Mitte hin gefaltet werden.

- Alles wenden und die beiden anderen Spitzen zur Mitte falten.

- Jetzt vorsichtig eine Spitze hinter der linken oberen Ecke hervorziehen, den Flügel glattstreichen.

- Ebenso den Flügel hinter der rechten unteren Ecke hervorziehen und das Ganze nochmals wenden, den Flügel hinter der dritten Ecke hervorziehen.

Tip: Für diese Figur darf die Serviette nicht zu groß sein, andernfalls von einer quadratisch gefalteten Serviette ausgehen.

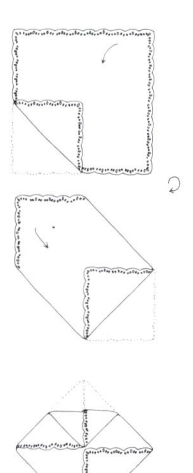

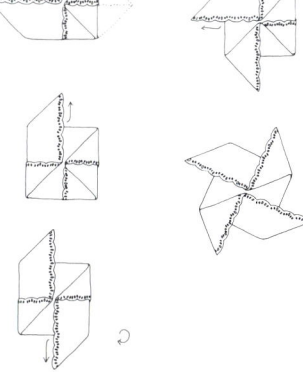

Der Bierstengel (Flöte)

– Serviette vor sich hinlegen und die obere rechte Ekke zur unteren linken Ecke hin falten.

– Dieses Dreieck gerade legen, mit der Spitze nach unten, und von der langen Seite her zur Spitze nach unten hin aufrollen.

– Rolle in der Mitte nach oben knicken und so in ein Glas stellen.

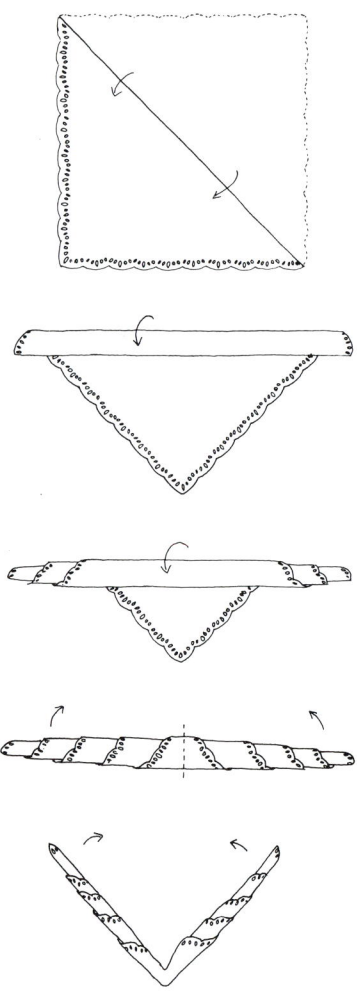

Das Palmblatt

– Serviette mit der Spitze nach unten hinlegen, untere Spitze zu einem Dreieck nach oben falten.

– Von der Grundlinie des Dreiecks her in etwa 2 cm breite Ziehharmonikafalten legen bis zur oberen Spitze.

– Die Seite mit dem Zipfel nach unten legen und die Mitte fest auf die Unterlage drücken. Dann beide Enden nach oben ziehen und dort ein wenig zusammendrehen und hinstellen.

Tip: Besonders gut gelingt dieses Motiv mit einer Papierserviette.

Dekorativer Blumenschmuck

Gefäß: Kugelvase. Blumen und Beiwerk: Lupinen, Margeriten, Pfingstrosen, Nelken, Klee, Blätter, Fraggle-Gras, Lochband, Tüllschleife, Wolle und Band wurden zum Strauß gebunden.

Gestalten mit frischen Blumen

Überall dort, wo es besonders schön sein oder eine besondere Stimmung erzeugt werden soll, dürfen Blumen nicht fehlen. Durch ihre Persönlichkeit, ihre Vielfalt und die Wirkung der unterschiedlichen Kombinations- und Variationsmöglichkeiten strahlen sie Harmonie, Wärme und Anmut aus. Ohne Worte zu benutzen verzaubern sie uns Menschen und schenken uns Freude und Aufmunterung.

Diese Wirkung ist es, die wir erhoffen, wenn wir Blumen als Aufmerksamkeit verschenken oder als Dekoration zu einem Fest arrangieren. Aber warum sollen wir uns an dieser unaufdringlichen Schönheit der Blumen nur zu besonderen Anlässen erfreuen? Holen wir uns doch die Anmut der Blumen in unser tägliches Le-

ben. Ein Strauß aus Feld- und Wiesenblumen, ein Tischkranz, gebunden oder gesteckt mit Blumen aus dem Garten, ein Herbststrauß aus Zweigen und Gräsern, ein Arrangement für Vasen und Schalen – all das läßt sich preisgünstig selbst herstellen, indem gekaufte und gesammelte Materialien miteinander kombiniert werden.

Wir benötigen bei diesem schönen Hobby weder spezielles Fachwissen noch besondere Fähigkeiten. Die Freude am Schönen und der Spaß am Selbsterstellen reichen vollkommen aus, harmonische Sträuße und Gestecke anzufertigen, díe unserer Wohnung eine besondere, lebendige und persönliche Note verleihen. Wenn wir darüber hinaus einige wenige formale Anforderungen, die die einzelnen Gesteckarten erfordern, und grundlegende Bedingungen, die die Pflege der Gestecke betreffen, beachten, werden wir lange ungetrübte Freude an unseren kleinen Kunstwerken aus Blättern und Blüten haben.

Trauerweide.

Allgemeines

Mit den in jedem Haushalt vorhandenen Gefäßen und Hilfsmitteln lassen sich oft sogar ganz individuelle Arrangements herstellen, die über das übliche hinausragen. Ob es sich hierbei um eine besondere Tischdekoration, ein Schalengesteck oder einen Strauß, der dekorativ in einer Vase zur Wirkung kommt, handeln soll, ergibt sich aus dem Verwendungszweck, den räumlichen Gegebenheiten sowie den zur Verfügung stehenden Gefäßen und Pflanzenmaterialien.

Zur Herstellung all dieser Gebinde und Gestecke benötigen wir nur wenige Hilfsmittel wie Gefäße, Steckhilfen, Draht oder Bast sowie Messer und Schere. Als Gefäße können wir fast alle Behältnisse, die im Haushalt vorhanden sind, verwenden. Wir sind nicht nur auf vorhandene Schalen oder Blumenvasen angewiesen, sondern auch Flaschen, Gläser und Übertöpfe eignen sich gleichermaßen gut. Oder warum benutzen wir nicht einmal eine ausrangierte Suppenterrine, eine Backform oder einen alten Steinkrug?

Werkzeuge, Arbeitsmaterial und Hilfsmittel.

Arbeitsmaterialien

Für Gestecke mit frischen Blumen können wir sogar Körbe oder dergleichen verwenden. Dieses ist möglich, wenn wir als Steckhilfe für die Blumen einen in Kunststoffolie eingeschlagenen Blumensteckschaum benutzen. Der Blumensteckschaum ist eine poröse Kunststoffmasse, in die die Blumenstiele hineingesteckt werden können und so ihren Halt finden. Gleichzeitig dient diese Kunststoffmasse, die mit einem Messer leicht auf eine bestimmte Form zurechtgeschnitten werden kann, auch als Wasserspeicher. Der Blumensteckschaum ist in Bastlergeschäften und Blumenläden erhältlich und sollte vor der Verwendung als Steckhilfe etwa zwei Stunden im Wasser liegend getränkt werden.

Für wasserdichte Gefäße kann man als Steckhilfe einen Blumenigel (beim Ikebana Kenzan genannt) verwenden. Bei weiten Gefäßen, die füllig gesteckt werden sollen, eignet sich feiner Maschendraht als Steckhilfe. Dieser Maschendraht, auch Kaninchendraht genannt ist in Eisenwarengeschäften oder Gartencentern als Meterware erhältlich. Er ist weich und läßt sich in jede Form biegen. In die feinen Maschen stecken wir büschelweise die Blumen, die so den notwendigen Halt bekommen.

Formale Steckprinzipien

Am Anfang unserer Arbeiten zur Erstellung eines dekorativen Blumenschmuckes steht die Entscheidung, ob wir ein repräsentatives Gesteck, eine dekorative Vasenfüllung, einen bunten Strauß oder einen schönen Kranz fertigen wollen. Je nachdem, was wir herstellen möchten, müssen wir auf bestimmte Steck- oder Bindetechniken zurückgreifen. Diese Techniken sind jeweils bei der Beschreibung der einzelnen Beispiele mit aufgezeigt. Grundsätzlich sind jedoch bei allen Gestaltungsvarianten mit Blumen ein paar formale Prinzipien zu beachten. Diese Gestaltungsprinzipien helfen uns, ein ansprechendes Gesteck zu fertigen, so daß unsere vollendete Arbeit eine klare Linie aufweist und nicht eher dem Gestrüpp eines Urwaldes gleicht.

Die Blumen unterliegen einer Eigengesetzmäßigkeit, die ihrer Art und ihrem Charakter entspricht. Man unterteilt die einzelnen Blumenarten in aktive und passive Formen.

Zu den aktiven Formen zählen
- hochstrebende Formen, wie zum Beispiel Gladiolen, Rittersporn oder Lupinen,
- raumerfassende Formen, wie zum Beispiel Calla, Anthurie oder Lilie,
- spielende Formen, wie zum Beispiel Phalenopsisorchidee, trauerndes Herz und Spirea,

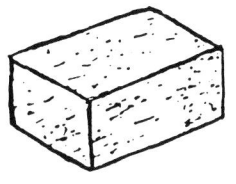

Steckmasse
am Block.

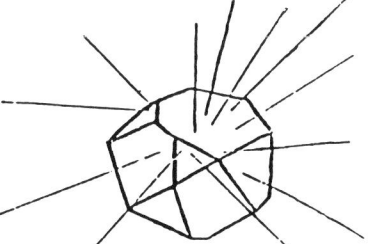

Steckmasse in Gefäß,
eine Ecke abgeschnitten.

Steckmasse, Ecken abgeschnitten,
Einstiche der Blumenstiele angedeutet.

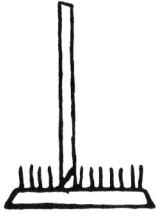

Blumenigel;
Kenzan.

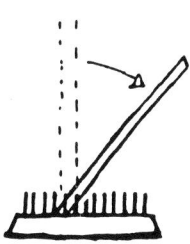

1. Schritt   2. Schritt
Kenzan mit Blumenstiel.

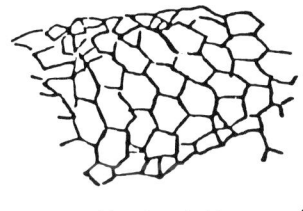

Maschendraht;
Kaninchendraht.

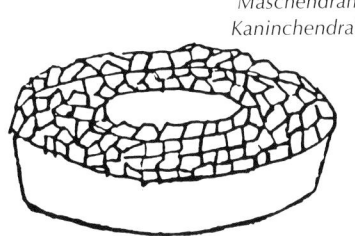

Maschendraht,
als Ring im Gefäß angepaßt.

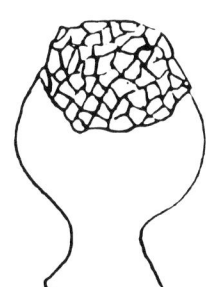

Maschendraht;
Steckhilfe in einer Vase.

– Solitärformen, wie zum Beispiel Herkulesblume oder Kaiserkrone.

Zu den passiven Formen zählen

– lastende Formen, wie zum Beispiel Chrysanthemen, Hortensien, Dahlien und Nelken,
– hängende Formen, wie zum Beispiel Columnea oder Efeu,
– Geselligkeitsformen, wie zum Beispiel Vergißmeinnicht, Schneeglöckchen oder Veilchen.

Aktive Formen beanspruchen Raum. Von daher sollten Blumen dieser Art nur so miteinander kombiniert werden, daß sie nicht dicht an dicht beisammenstehen oder einander verdecken. Mehrere in einem Gebinde vorkommende aktive Formen sollten stufig angeordnet sein und aus dem Gesteck herausragen. Wird diese Regel nicht berücksichtigt, so wirkt unsere Arbeit nicht harmonisch, und der Eindruck einer Überladenheit entsteht.

Die passiven Formen dienen dazu, dem Gesteck Fülle und Ausgewogenheit zu geben. Sie werden immer unterhalb der Blumen, die der aktiven Form zuzurechnen sind, angeordnet, da sonst ein erdrückender Eindruck entsteht. Des weiteren wird die Gesteckbasis neben Blättern und Moosen mit passiven Formen abgedeckt.

Eine ausgewogene räumliche Wirkung erzielen wir, indem von der Basis ausgehend unser Werk nach oben hin immer lichter wird. Dabei sollte darauf geachtet werden, daß das Größenverhältnis von Gefäß, Basis und höchster Blume unseres Gesteckes ungefähr 1:2:3 beträgt. Dieses Gestaltungsprinzip können wir am leichtesten einhalten, wenn die aktiven Formen, die unserem Werk den Umriß verleihen, zuerst verarbeitet werden. Dabei sind verspielte Formen entweder außen oder weit oben, kompaktere unten beziehungsweise im Inneren anzuordnen. Anschließend werden die Blumen der passiven Form hinzugefügt. Eventuell noch sichtbare Stellen unserer Steckhilfe werden zum Schluß mit Moosen, Blättern oder Steinen abgedeckt.

Gefäß: Einreiher oder Kuchenkastenform. Blumen: Sonnenauge, Gräser.

Bezugsquellen für Blumen

Diejenigen, die in der glücklichen Lage sind, auf Blumen aus dem eigenen Garten zurückgreifen zu können, haben die Möglichkeit, einen individuellen, dekorativen Wohnschmuck zu allen Jahreszeiten sehr preisgünstig zu erstellen. Aber nicht nur die Gartenbesitzer unter uns erhalten unser Ausgangsmaterial, die frischen Blumen und Gräser, preiswert, sondern ebenso jeder, der bereit ist, einen Streifzug durch Wald, Feld und Flur zu unternehmen. Unsere Natur ist reich an Wiesen- und Feldblumen, und Gräser sind an jedem Wegrand zu finden. Auf den ersten Blick mögen wir diese Blumen vielleicht als Unkraut abwerten, aber auch mit ihnen, die wohl kein Gärtner in seinem eigenen Garten haben möchte, lassen sich sehr dekorative Arrangements erstellen.

Es werden hier zahlreiche Beispiele gegeben, bei denen die am Wegesrand gefundenen Materialien nicht nur Füll- oder Beiwerk darstellen, sondern bei denen auch ausschließlich auf diese Blumen zurückgegriffen wurde.

Naturschutz

Wenn wir uns mit Blumen aus der freien Natur eindekken, so dürfen wir unter keinen Umständen die Aspekte des Naturschutzes außer acht lassen. Pflanzen, die unter Naturschutz stehen, verwenden wir nicht für unsere Gestecke. Eine Liste der geschützten Pflanzen können wir bei den örtlichen Naturschutzgruppen und -verbänden erhalten. Beim Pflücken der auserwählten Pflanzen ist stets folgendes zu beachten: Wir sollten die Blumen und Gräser generell mit einem scharfen Messer oder einer Schere abschneiden, denn Wildblumen haben in aller Regel nicht tief ins Erdreich reichende Wurzeln. Tun wir dies nicht, besteht die Gefahr, daß wir die Wurzeln beschädigen und somit die ganze Pflanze zerstören. Darüber hinaus sollten wir nicht alle Blumen an einer Fundstelle ernten, da sie sich an diesem Platz dann nicht weiter fortpflanzen können.

Die beste Tageszeit zum Ernten der Blumen liegt in den frühen Morgenstunden. Hier sind die Blüten noch vom Tau gesättigt, und der Durst der Blumen ist noch nicht so groß. Außerdem sind die geschnittenen Blu-

Osterkorb.

men in der Kühle des Morgens nicht so stark belastet wie zur späteren Tageszeit. Des weiteren empfiehlt es sich, die abgeschnittenen Blumen so schnell wie möglich mit Wasser zu versorgen, da ein längerer Wasserentzug die blühende Pracht schnell zum Welken bringt.

Tips für den Blumenkauf

Es ist nicht immer der Fall, daß wir für unser Arrangement auf eine ausreichende Anzahl von Blumen aus Garten, Wald, Feld und Flur zurückgreifen können. Oder wir möchten in unserem Gesteck eine besondere Blume verwenden. In diesen Fällen bieten sich der Wochenmarkt oder das Blumenfachgeschäft als Bezugsquellen an. Wir sollten allerdings beim Kauf dar-

Gefäß: 2 Vasen.
Blumen: Eucharis,
Eukalyptus.

auf achten, daß die Blumen der Jahreszeit entsprechen. Aufgrund der zur Verfügung stehenden Transportwege sowie ausgeklügelter Ziehmethoden können wir zwar zu nahezu jeder Jahreszeit alle nur erdenklichen Blumen kaufen. Es hat sich aber gezeigt, daß die Haltbarkeit nicht so groß ist, wenn die Blume zu einer Jahreszeit gekauft wurde, in der sie bei uns naturgemäß nicht vorkommt. Weiterhin müssen wir auch mit einem etwas höheren Kostenfaktor rechnen. Als Hinweis dafür, wann welche Blumen ihre naturgemäße Blütezeit haben, ist in den folgenden Kapiteln zu jeder Jahreszeit eine Tabelle angegeben, aus der die Blühtermine ersichtlich sind.

Vorbereitung der Blumen

Erstes Gebot für das Arbeiten mit frischen Blumen ist die Sauberkeit der verwendeten Gefäße, Materialien und Hilfsmittel. Dadurch wird den überall vorhandenen Bakterien der Nährboden entzogen, und die Blumen können länger frisch bleiben.

Als zweites sei anzumerken, daß wir unsere Blumen von überflüssigen Blättern und Verästelungen befreien müssen und somit die Verdunstungsoberfläche der Blume verringern. Da die Spitze der Blume zuletzt mit Wasser versorgt wird, nehmen die entfernten überflüs-

Gefäß: Schale.
Blumen: 2 Sarracenia,
3 Lysianthus, 1 Rizinos-
blatt, Asparagus.

sigen Blätter und Verästelungen der Blüte kein lebens-
notwendiges Wasser weg. Darüber hinaus können wir
unter gestalterischem Gesichtspunkt durch dieses Aus-
lichten der Blume eine klarere Linie verleihen.

Nach diesen Vorbereitungen werden die Blumen
sofort ins Wasser gestellt und unter Wasser erneut angeschnitten. Durch den Anschnitt unter Wasser wird
ein die Kapillare verstopfender Lufteinschluß an der
Schnittfläche verhindert. Bei fleischigen Stielen sollte
der Anschnitt gerade, bei allen anderen Stielen schräg
ausgeführt werden. Dieses verhindert ein vorzeitiges
Welken. Arrangieren wir die Blumen nicht sofort in einem Gesteck, so empfiehlt es sich, die Blumen kühl

und dunkel aufzubewahren. Sie danken es uns durch
eine länger anhaltende Frische.

Die Auswahl unseres Gefäßes wird durch die Ge-
steckart und den Verwendungszweck unseres Arrangements bestimmt. Als generelle Regel sollte hier beach-
tet werden, daß ein derbes Gefäß schlecht zu einem
Gesteck mit modernen Accessoires paßt beziehungsweise umgekehrt. Darüber hinaus sollten wir Mut zu
größeren Gefäßen aufbringen. Die Gefäße müssen ja
nicht immer füllig gesteckt sein, und eine asymmetri-
sche Gestaltung erzeugt oft unvermutete, besondere
Reize.

Eine barocke Fülle und Überladenheit in Gestecken
führt oft dazu, daß die einzelnen Blumen sich gegenseitig erdrücken. Damit nicht der Eindruck eines „Urwaldes" entsteht, sollten wir uns bei der Gestaltung immer eine Zielvorstellung unseres fertigen Gesteckes
vor Augen halten. Dies erleichtert es uns, ein klar ge-
gliedertes Gesteck zu erstellen, bei dem die Wirkung
aus einer gewissen Nüchternheit und Klarheit resul-
tiert.

Gefäß: Korbtablett.
Blumen: Sonnenblumen,
Ringelblumen, Achillea,
Fetthenne, Grau-Erlen,
Kastanien, Tagetes,
Hafer, Mais, Beeren.

Tisch- und Tafelgestecke

Im Vergleich zu allen anderen Gesteckarten sind an das Tischgesteck ein paar zusätzliche Anforderungen zu stellen. Bei einem Tischgesteck gibt es keine Vorder- oder Rückseite. Es soll von allen Seiten aus gleichermaßen schön anzuschauen und entsprechend der Tafel länglich gearbeitet sein. Damit aber durch das Tischgesteck keine Trennung zwischen den gegenübersitzenden Gästen aufgebaut wird, muß es ziemlich niedrig gehalten sein, so daß wir unseren Gesprächspartner sehen können und eine Unterhaltung auch über den Tisch hinweg möglich ist.

Als Gefäß für ein Tisch- oder Tafelgesteck eignet sich ein flaches Kompottschälchen. In dieses wird die von allen Seiten schräg angeschnittene Steckmasse hineingelegt. Liegen jetzt auch noch Messer und Schere bereit, kann unser Gesteck gestaltet werden. Als erstes stecken wir die Grundform. Das heißt, Länge, Breite und Höhe werden vorgegeben. Nachdem wir die Abmessungen des Gesteckes festgelegt haben, werden weitere Blumen und Blätter in verschiedenen Längen und Richtungen in den Steckschwamm gesteckt. Dabei ist jedoch darauf zu achten, daß die bereits bestehende Grundform nicht vergrößert wird und sich von allen Richtungen aus ein ausgewogenes Bild ergibt. Zum Abschluß wird die Steckmasse mit Blattwerk oder ganz kurz geschnittenen Blumen abgedeckt. Eine verspielte Note erzielen wir, indem vereinzelt Stiele aus Springgras in unser fertiges Gesteck hineingesteckt werden.

Gefäß: Schwarze Schale.
Blumen und Beiwerk:
Weiße Nelken,
schwarzes Fraggle-Gras,
grüne Blätter.

Das Springgras kann über die bereits vorgegebene Grundform etwas hinausragen oder in Form von Schlaufen unser Gesteck abrunden. Da die einzelnen Stiele des Springgrases sich nicht so ohne weiteres in die Steckmasse hineinstecken lassen, müssen sie mit Myrtendraht verstärkt werden. Dazu nehmen wir das jeweilige Ende von Springgras und Myrtendraht zwischen Daumen und Zeigefinger und schlingen den Myrtendraht zwei- bis dreimal um das Springgras. Dann greifen wir die bereits umschlungene Stelle des Springgrases und schlingen den Draht in Richtung des Stielendes noch einige Male um das Gras und den danebenliegenden Draht. Dadurch erhalten wir einen stabilen Schaft, der sich in die Steckmasse hineinstecken läßt. Schlaufen lassen sich ähnlich herstellen, nur daß hier die zwei Enden des Springgrases zusammen angedrahtet werden.

In diesem Arrangement sind zwei Halbschalen übereinandergestellt. In der oberen Halbschale stehen zwei auf unterschiedliche Länge gekürzte Lilien in einem Blumenigel. Die dritte Lilienblüte ist im unteren Gefäß so angeordnet, daß alle drei Blüten eine Linie bilden und diese Linie sich in den übereinandergestellten Halbschalen widerspiegelt. Steckmasse beziehungsweise Blumenigel werden durch die blütenartig gesteckten Anthurienblätter verdeckt. Eine leichte, beschwingte und aufstrebende Form wird erreicht, indem zum Abschluß Zweige, deren Rinde abgeschält wurde, im oberen Gefäß hinzugesteckt werden.

Gefäß: 2 Halbschalen.
Blumen: Lilien,
Anthurienblätter,
Zweige.

Sträuße

Ein Strauß wird gebunden, indem unser Werkstück mit einer Hand gehalten wird und mit der anderen Hand die weiteren noch hinzukommenden Materialien angelegt werden. Das Binden erfordert einiges an Können und Geschick. Dafür dürfen wir aber unseren Strauß auch später mit besonderem Stolz betrachten.

Da wir beim Binden eines Straußes nur eine Hand frei haben, sollten wir vor Beginn unserer Arbeit sämtliche Blumen und Füllmaterialien bereitlegen. Denn haben wir erst einmal begonnen, so kann der Strauß nicht aus der Hand gelegt werden, ohne daß er zerfällt.

Kommen wir nun zum Binden eines Straußes. Dazu wählen wir zunächst zwei oder drei dominierende Blumen für die Mitte aus. Diese Blumen halten wir in einer Hand und legen nun abwechselnd Füllmaterial, Blumen oder bereits vorgefertigte Büschel aus Gräsern an. Dabei ist darauf zu achten, daß unser Strauß füllig wirkt und die Stiele an der Stelle, an der der Strauß zusammengebunden wird, nicht geknickt werden. Durch eine Knickstelle im Stiel würde nämlich die Versorgung der Blüte mit Wasser unterbrochen und unser Strauß schnell welken.

Knickstellen in den Stielen vermeiden wir durch eine besondere, aber dennoch einfache Bindetechnik. Die erste Blume für unseren Strauß bildet die ,,Mittelachse''. Die zweite Blume wird nun etwas nach links geneigt angelegt, so daß sie die ,,Mittelachse'' an der Stelle, an der wir den zu bindenden Strauß festhalten, überkreuzt. Diese zweite Blume legt die Richtung fest, in der alle weiteren Blumen, Gräser und Füllmaterialien angelegt werden.

Indem wir den Strauß nach jedem weiteren Anlegen von Materialien ein kleines Stück in unserer Hand nach links um die Mittelachse drehen, erreichen wir, daß die einzelnen Blütenstiele
- sich nicht überkreuzen,
- der Strauß Fülle erhält,
- die Stiele eng aneinander liegen und
- die Stiele nicht geknickt werden.

Werden nun die einzelnen Blumen des Straußes so angelegt, daß ihre Blüten unterhalb der Blüten der bereits im Strauß enthaltenen Blumen liegen, so bekommt der Strauß je nach Stufung ganz allmählich das Aussehen einer Halbkugel oder eines Kegels. Hat unser Strauß nun die gewünschte Form und Größe erreicht, geben wir als Abschluß Blätter oder Gräser um ihn herum, so daß er eine Art Manschette erhält. Jetzt nehmen wir Bast oder etwas Ähnliches und binden ihn oberhalb unserer Hand einige Male um den Strauß herum und verknoten die einzelnen Enden. Mit einer Gartenschere kürzen wir nun die Blumenstiele auf eine einheitliche Länge.

Unser Strauß ist jetzt fertig. Sollte das Binden auf Anhieb nicht gelingen oder der Strauß nicht ganz die gewünschte Form erreichen, so sollten wir uns vor Augen halten, daß noch kein Meister vom Himmel gefallen ist. Sie werden aber sehen, daß der nächste Versuch schon viel besser gelingt.

Der besondere Rat

Bevor Sie den Strauß zusammenbinden, betrachten Sie ihn von allen Seiten, indem Sie ihren Arm ausstrecken. Sollte Ihnen auffallen, daß an einigen Punkten kahle Stellen oder Löcher vorliegen, können Sie hier noch Korrekturen vornehmen, indem Blumen mit festem Stiel oder angedrahtete Schleifen eingefügt werden.

Binden eines Straußes.

Auch der Mut zu neuen Schönheitsvorstellungen setzt nicht voraus, daß auf altbewährte Arbeitstechniken verzichtet werden muß. Hier wurde ein Blumenstrauß gebunden, bei dem die Stiele nach dem Zusammenbinden ziemlich kurz abgeschnitten worden sind. Danach wurde der Strauß so in die Vase gestellt, daß die aus Blättern gebildete Manschette bis auf die Unterlage herunterreicht. Zu kleinen Büscheln zusammengebundenes Barbaragras ist dann zum Abschluß von hinten fächerartig in das Gefäß gesteckt. Dadurch vermittelt dieses Gesteck den Eindruck einer farbenprächtigen Frisur, auf die sicher mancher Punker stolz wäre.

Accessoires

Eine besondere Wirkung können wir erzielen, indem wir Schleifen, Schmetterlinge, Vögel, Äpfel, Zapfen oder weitere Accessoires mit in unseren Strauß einbinden. Diese Accessoires müssen jedoch vor Beginn unserer Arbeit zum Einbinden in den Strauß vorbereitet werden. Das heißt, alle Accessoires müssen mit einem starken Draht versehen werden, der einerseits unser Material (zum Beispiel Äpfel oder Zapfen) tragen kann, andererseits aber innerhalb des fertigen Straußes nicht mehr sichtbar sein soll.

Dazu werden Äpfel im unteren Teil mit einem Stieldraht quer durchstochen, der dann verdrillt wird. Zapfen werden befestigt, indem sie im unteren Teil mit Draht umschlungen und dessen freie Enden anschließend verdrillt werden. Schmetterlinge oder Vögel wer-

Gefäß: Vase.
Blumen: Astern,
Nelken, Fetthenne,
Mais, Barbaragras,
Blätter der Kastanie,
Springgras.

Strauß für ein Kinderfest.
Gefäß: Kleiner Krug.
Blumen und Beiwerk:
5 Rosen, 3 Nanus-
Gladiolen, Hortensien,
Immortellen, Erdnuß-
Platterbsen, Lipidium,
Brausestiele, Lutscher,
Schleifen.

den meist fertig angedrahtet in Kaufhäusern, Blumengeschäften oder Bastelläden angeboten.

Schleifen

Schleifen werden folgendermaßen angefertigt:
Nehmen Sie ein Stück Band und legen es so in Ihre Handfläche, daß Sie es mit Daumen und Zeigefinger etwas oberhalb des einen Endes greifen können. Dabei sollte der Abstand zwischen Griffpunkt und dem kurzen Ende des Bandes ungefähr der Größe der Schleife entsprechen. Nun legen wir den langen Rest des Ban-

des in Form einer waagerechten Acht (∞) oder mehrerer übereinanderliegender Achten über unseren Griffpunkt. Dabei sollte jeder Bauch der einzelnen Acht so groß wie unsere geplante Schleife sein. Nachdem wir zwei oder drei Achten gelegt haben, können wir das Band schräg abschneiden. (Abstand Griffpunkt – Schnittstelle sollte ebenfalls der Größe der Schleife entsprechen.) Nun legen wir ein Stück Draht über den Griffpunkt und drehen unsere Hand um. Dadurch hängen die Bäuche der einzelnen übereinandergelegten Achten über unserem Daumen und somit auch über dem Draht nach unten. Mit unserer freien Hand greifen wir nun die nach unten hängenden Bäuche der Achten.

54

Der Draht liegt jetzt frei unter dem Kreuzungspunkt der einzelnen Achten, und wir könnnen ihn fest verdrillen. Die Schleife ist jetzt fertig. Vielleicht klingt es schwierig, aber probieren Sie es einfach mal. Sie werden sehen, daß es Ihnen besser gelingt als Sie es vermuten.

Der besondere Rat

Eine originelle Idee, Geldgeschenke zu verpacken, wäre das Einbinden von Geldscheinen in einen Strauß. Dazu bieten sich fächerförmig gefaltete und in der Mitte angedrahtete 5,– oder 10,–-DM-Scheine an.

Grundlage für diesen Osterstrauß ist eine Kombination aus Statice, Gräsern und Lipidium. Büschel von Holzwolle, die durch Steckdrähte künstliche Stiele erhielten und so in den Strauß gezogen wurden, bilden kleine Nester. Schleifen, Eier und anderer Osterschmuck wurden auf die gleiche Weise befestigt.

Einladung am Nachmittag.

Kränze

Zum Binden eines Kranzes benötigen wir eine Rolle Wickeldraht, Blumen, Füllmaterialien wie zum Beispiel Moose, Blätter, Staticen, Tuja oder ähnliches sowie je nach Größe des zu fertigenden Kranzes einen Reif aus Weide oder Draht. Dieser Reif bildet unser Kranzgerüst und ist in Bastelgeschäften erhältlich. Bei der Auswahl des Reifes sollten wir davon ausgehen, daß sein Durchmesser ungefähr nur $^1/_2$ bis $^3/_4$ des Durchmessers unseres fertigen Kranzes betragen sollte, denn die Pflanzenmaterialien werden hauptsächlich zur Außenseite des Kranzgerüstes hin gebunden.

Beginnen wir nun mit dem Binden eines Kranzes. Dazu schneiden wir unsere Blumen und Füllmaterialien auf eine Länge von etwa 10 bis 15 cm, so daß wir zum Binden kleine Büschel gleicher Länge bereits griffbereit vorliegen haben. Nach dieser Vorbereitung befestigen wir unseren Wickeldraht an dem Kranzgerüst, indem wir ihn drei- bis viermal an einer Stelle um den Reif schlingen. Nun können unsere Pflanzenmaterialien an dem Reif angebunden werden. Wir nehmen von den vorgefertigten und bereitgelegten Pflanzenmaterialien ein Büschel und legen dieses außen an den Reif an.

Indem wir nun den Wickeldraht von der Kranzmitte nach außen um den unteren Teil des angelegten Büschels winden und festziehen, ist dieses auf unserem Kranzgerüst befestigt. Die weiteren Büschel werden schuppenartig auf dem Reif angelegt und ebenso wie das erste Büschel angedrahtet. Dabei ist darauf zu achten, daß das jeweils neu angelegte Büschel das Kranzgerüst und die Bindestelle des vorhergehenden Büschels verdeckt.

Haben wir den Kranz umwickelt und sind wieder am Anfang angelangt, so erfordern die letzten beiden Büschel etwas Mühe. Die Zweige unseres Anfangs müssen zurückgebogen werden, so daß die Bindestellen der letzten zwei Büschel durch die Spitzen der zuerst angelegten Sträußchen verdeckt werden.

Der Kranz ist jetzt im Prinzip fertig. Wir müssen nur noch unseren Wickeldraht befestigen, damit sich unsere angedrahteten Büschel nicht mehr lösen können. Dazu schneiden wir den Wickeldraht so ab, daß wir ein freies Ende von etwa 10 cm haben. Dieses verbleibende Stück wird mehrmals auf der Rückseite des Kranzes durch das sichtbare Drahtgeflecht gezogen und so „vernäht".

Materialien:
Tannen, Tuja, Kiefern,
Buchsbaum, Hortensien,
Kerzen, Kugeln,
Schleifen, Päckchen,
Flower-Hair.

Durch Schleifen, Bänder oder ähnliche Accessoires läßt sich der fertige Kranz verschönern. Außerdem lassen sich eventuell vorhandene und jetzt erst sichtbar gewordene Löcher und Lücken damit füllen. Die Verzierungen werden angedrahtet und an den entsprechenden Stellen von der Vorderseite durch den Kranz gestochen und die Drahtenden auf der Rückseite verdrillt.

Möchte man sich die Mühe des Bindens eines Kranzes nicht auferlegen, so besteht die Möglichkeit, einen Maschendraht zu einer Wurst zusammenzurollen, die dann in die Form eines Ringes gebogen wird. Dieser Ring wird in ein Gefäß, zum Beispiel eine Backform aus Keramik, gelegt und die auf eine Länge gekürzten Blumen, Gräser und Füllmaterialien in das Maschengeflecht gesteckt.

Der besondere Rat

Das Kranzgerüst können wir uns mit geringer Mühe auch aus Wickeldraht selbst anfertigen. Dazu bilden wir aus dem Draht einen aus vier bis fünf Lagen bestehenden Reif und verdrillen diese einzelnen Lagen.

Der hier abgebildete Kranz ist nicht wie gewöhnlich rund, sondern viereckig. Dazu biegen wir den Reif, der die Basis des Kranzes bildet, in eine quadratische Form und binden die Grünmaterialien an den Enden immer etwas überlappend auf diesem Gerüst fest. Die Kerzen werden befestigt, indem zwei dicke Stieldrähte in die jeweilige Kerze hineingestoßen werden, die dann durch den fertigen Kranz hindurchgesteckt und auf der Rückseite verdrillt werden. Um aber die Kerzen beim Hineinstechen der zur Befestigung dienenden Drähte nicht zu zerstören, empfiehlt es sich, diese Drähte kurz über einer Kerzenflamme zu erhitzen. Durch den warmen Draht wird das Wachs erweicht, und die Drähte können leicht in die Kerze hineingestoßen werden. Die restlichen Materialien werden angedrahtet und auf dem Kranz befestigt.

Die Adventswochen

Am ersten Advent beginnt die Vorweihnachtszeit, das Warten auf die Heilige Nacht, die Geburt Christi. Diese Wochen sind aber auch die dunkelsten des ganzen Kalenderjahres. Der kürzeste Tag des Jahres fällt in die Adventszeit, und daher sind viele Heiligentage mehr vom Aberglauben als vom Christentum geprägt.

Advent heißt nichts anderes als Ankunft. Es sind die Wochen, in denen der Erlöser erwartet wird. In keinem Land wird diese Zeit so stimmungsvoll wie bei uns verbracht.

Dennoch haben gerade im deutschsprachigen Raum Hektik und Konsum den weihnachtlichen Kult in den Hintergrund treten lassen. Vorläufer des heutigen „Weihnachtsrummels" waren die Christkindel- und Weihnachtsmärkte, die es schon seit dem 13. Jahrhundert gibt. Diese Märkte fanden und finden heute noch auf einem Platz vor der Kirche statt. Da auch für Dienstmädchen und Gesinde vor Weihnachten Zahlzeit war (sie bekamen ihren Weihnachtstaler), saß das Geld in dieser Zeit locker. Die Kauflust der Leute wurde somit vor und nach den weihnachtlichen Gottesdiensten durch die Märkte angeregt. Später entstanden immer mehr private Weihnachtsmärkte, die sich gegenseitig Konkurrenz machten und so das Angebot immer mehr ausweiteten.

Die raffinierter werdenden Formen der Werbung, die weihnachtliche Motive, Weihnachtsmänner und Engel für ihre Zwecke einsetzt, treibt seit Jahren die Umsätze in die Höhe. Durch diese Übersättigung werden Weihnachtsgeschenke heute mit immer mehr Unbehagen gekauft. Die totale Konsumverweigerung wäre allerdings kein Ausweg, vielmehr sollten wir wieder lernen, mit Verstand und Herz zu schenken, wobei uns ein Vergleich mit anderen Ländern und ein Blick in die Vergangenheit sicher helfen würden.

Adventskränze

Das wohl schönste Symbol der vorweihnachtlichen Zeit ist der Adventskranz. Entstanden ist er allerdings aus einem heidnischen Brauch, dem Ringzauber. Das rundgeflochtene Tannengrün sollte Unheil und böse Mächte abhalten.

„Erfinder" des Kranzes, wie wir ihn heute kennen, war der evangelische Theologe Johann Hinrich Wichern. Er kümmerte sich besonders um verwahrloste und elternlose Jugendliche, denen er in seinem „Rauhen Haus" eine neue Heimat gab. 1860 hängte er zum ersten Mal einen mit Tanne umwickelten Holzring mit einem Durchmesser von 2 m im Versammlungssaal des „Rauhen Hauses" auf. Auf diesem Kranz brannten so viele Kerzen, wie Adventstage vergangen waren.

Dekorationsmaterial für den fertigen Kranz läßt sich leicht selbermachen. Diese kleinen Fächer wurden aus Glanzfolie gefaltet.

Diese Sitte breitete sich zunächst in protestantischen Gegenden, nach dem 1. Weltkrieg durch die Jugendbewegung gefördert, im ganzen deutschsprachigen Gebiet aus.

Zur Anfertigung eines Adventskranzes benötigt man:

– Fichtenzweige, Buchs, Wacholder oder Mahonie,
– Zapfen, goldbesprühte Blätter oder anderes Dekorationsmaterial,
– Kranzunterlage aus Stroh oder Draht,
– Wickeldraht,
– Gartenschere.

Zunächst schneiden Sie das Grün in gleichgroße, etwa 10 bis 12 cm lange Stücke. Jetzt befestigen Sie den Wickeldraht an der Kranzunterlage und legen die Spitzen des geschnittenen Grüns auf die Unterlage. Mit dem Draht wird das Material auf dem Kranz befestigt. In der nächsten Reihe bedecken Sie mit den Spitzen der Fichte die Stiele der vorhergehenden Reihe. Arbeiten Sie dabei gleichmäßig von außen nach innen, damit Ihr Kranz eine schöne Form erhält.

Sie können den fertig gewickelten Kranz nun in seiner Naturfarbe belassen oder ihn mit Gold- und Silberspray, Glimmer oder Schnee übersprühen. Wichtig ist dabei, daß Sie nicht zu viel Spray benutzen, sondern nur einen „Hauch" davon verwenden.

Anschließend können Sie Ihren Kranz entweder an einem Band aufhängen oder mit Kerzen dekorieren.

Die einfachste Art, die Kerzen auf dem Kranz zu befestigen, ist, über einer Flamme erwärmte Steckdrähte in die Unterseite der Kerze zu bohren. Danach lassen sie sich leicht in die Unterlage stecken.

Weihnachtskranz.

Gestecke

Weihnachtliche Gestecke mit Kerzen sind eine immer wieder gern gewählte Alternative zu Kränzen.

In ihrer Form sind Gestecke sehr variabel. Sie können Landschaftsgestecke in großen Schalen und Tischgestecke in runden Gefäßen oder hohen Gläsern anfertigen.

Sie brauchen:
- einen Block Blumensteckschwamm,
- verschiedene Grünzweige wie Fichte, Buchs oder Mahonie,
- Schere und Messer,
- Schale,
- unterschiedliche Dekorationsmaterialien.

Wenn Sie ein nicht wasserdichtes Gefäß wählen, so müssen Sie es zunächst einmal mit dichter Folie auslegen. Dort hinein legen Sie dann den vorher zugeschnittenen Schwamm. Die Steckmasse sollte etwa eine Stunde im Wasser gelegen haben.

Nach diesen Vorbereitungen können Sie nun mit dem Einstecken der Zweige beginnen. Schneiden Sie das Grün auf die richtige Länge, wobei die Stiele lang und schräg angeschnitten sein sollen. Danach werden die untersten Blätter oder Nadeln entfernt.

Wenn der Grundaufbau fertig ist, werden die Dekorationen wie Sterne oder Zapfen mit Drähten befestigt. Die Kerzen werden auch hier wieder mit in einer Flamme erwärmten Drahtstift fixiert.

Mond und Sterne, ein Gesteck, das den nächtlichen Sternenhimmel widerspiegelt. Halbmond und Sterne sind aus glänzender Bastelfolie geschnitten und danach mit Glimmerspray übersprüht. An Drähten befestigt, wurden sie in eine mit Moos, Buchs und Tanne gefüllte Schale gesteckt.

Festliche Sträuße

Auch Sträuße können in der Weihnachtszeit eine stimmungsvolle Dekoration sein, nur werden sie jetzt anders arrangiert als in der restlichen Jahreszeit.

Auf frische Blumen, die im Dezember zwar in großer Auswahl, bis hin zu Maiglöckchen angeboten werden, können Sie verzichten. Erfreuen Sie sich lieber an den der Jahreszeit entsprechenden Blüten. Duftende Tannenzweige, Buchs und anderes Grün bilden die Grundlage für die hier gezeigten Sträuße. Zunächst werden die Zweige mit einer Gartenschere in die richtige Länge geschnitten und dann gleich in der Vase entweder zu einem runden Strauß oder in Etagen drapiert.

Die Auswahl des richtigen Gefäßes ist dabei nicht nur vom Strauß, sondern auch von der Umgebung abhängig. Schöne Behälter müssen nicht teuer sein, denn auch Blechdosen, Körbe oder alte Kaffeekannen eignen sich. Wenn das Gefäß nicht wasserdicht ist, stellen Sie einfach ein etwas kleineres Glas oder Metallgefäß hinein und füllen den Zwischenraum mit Zeitungspapier.

Den fertigen Grundstrauß können Sie auch wieder mit Gold-, Silber- oder Glimmerspray übersprühen oder in seiner Naturfarbe belassen. Auf Drähte gewickelte Zapfen, Nüsse, Schleifen oder andere Dinge, die Ihrem persönlichen Geschmack entsprechen, werden dann in den Strauß gesteckt.

Ansprachen und Toasts

Kurzansprachen in geselliger Runde

Auftakt

Der verantwortungsbewußte Gastgeber wird darauf achten, daß keiner seiner Gäste nach Alkoholgenuß sein Leben und das anderer Verkehrsteilnehmer gefährdet. Ständige Erinnerungen und Ermahnungen der Gäste stören aber die Harmonie eines Festes. Es empfiehlt sich daher, zuvor – wenn also noch alle Gäste über ein klares und nüchternes Urteilsvermögen verfügen – in einleitenden Worten auf die Gefahren hinzuweisen und eine Sammelaktion für Autoschlüssel durchzuführen. Bei Vernunft, Ehre und Verantwortungsbewußtsein gepackt, wird sich kaum ein Gast von dieser Aktion ausschließen.

In einem Gedicht läßt sich so etwas noch am freundlichsten verpacken. Hier ein Beispiel:

Viel zu selten sind wir hier
und ,,schlabbern" unser goldnes Bier.
Wir sollten es gar oft genießen
und einen ,,hinter'n Knorpel" gießen,
die Trauermienen dann verfliegen,
die Fröhlichkeit wird wieder siegen!
Trinkt nicht zuviel, nehmt's Euch zu Herzen,
sonst spürt Ihr morgen Schädelschmerzen.
Besonders mit den scharfen Sachen
sollten wir's bedächtig machen.
Hier in der Mitte steht ein Becher,
in dem nun der vernünft'ge Zecher
die Autoschlüssel deponiert,
damit auch später nichts passiert.
Wer doch den Schlüssel bei sich läßt,
bekommt kein Bier auf diesem Fest.
Auch Schnaps und Wein sind ihm verwehrt,
wenn er danach noch Auto fährt.
Labt Euch nun an frischem Naß,
ich wünsche allen Gästen Spaß!

Ansprache

Gliederung
– Willkommen
– Freude über Anwesenheit
– Hoffnung auf angenehmen Abend

Liebe Gäste,
ich heiße Sie in unseren vier Wänden herzlich willkommen. Meine Frau und ich freuen uns, Sie heute abend als Gäste hier zu wissen. Wir hoffen, daß Sie sich wohl fühlen und gemeinsam mit uns einen angenehmen Abend verbringen werden.

Liebe Freunde,
ich freue mich, daß wir hier wieder alle versammelt sein können. Schließlich liegen erlebnisreiche Stunden des Urlaubs hinter uns. Gewiß wird es aus aller Welt viel zu berichten geben. Bevor wir aber nun bei einem Glas Wein Rückblick auf unsere Urlaubszeit halten, laßt uns das Glas auf die glückliche Wiederkehr erheben. Wenn ich mich hier im Kreise umsehe, so bedarf es nicht viel kriminalistischen Spürsinns, um festzustellen, daß Ihr Euch alle prächtig erholt habt.

Verehrte Anwesende,
ich freue mich, daß ich Sie heute hier zu unserem Gartenfest begrüßen darf. Ich hoffe, es macht Ihnen Spaß, hier im Kreise netter Leute und bei strahlendem Sonnenschein zu feiern. Vergessen Sie für einige Stunden die kleinen Alltagssorgen und lassen Sie sich Essen und Trinken gut schmecken.

Um den Aufwand so gering wie nur möglich zu halten, sind Sie – um nicht zu verhungern oder zu verdursten – auf Selbstbedienung angewiesen. Dort auf der linken Seite finden Sie die Getränke und hier an den Tischen vor der Feuerstelle kann man Essen fassen.

Ich wünsche uns allen viel Spaß und hoffe, daß das Wetter es auch weiterhin so gut mit uns meint. Ich erkläre hiermit unser diesjähriges Gartenfest für eröffnet.

Geburtstags- wünsche

Wer morgens nüchtern dreimal schmunzelt,
wenn's regnet, nicht die Stirne runzelt
und abends lacht, so daß es schallt,
wird 120 Jahre alt.

* * * *

Auf der Bühne deines Lebens
findet heut ein Wechsel statt.
Ziel der Wünsche und des Strebens
steht auf einem neuen Blatt.
Wenn das abgelebte Jahr
auch recht nett und freundlich war,
schleicht's doch müde sich jetzt fort.
Geburtstagskind, glaub' mir aufs Wort,
was da – eben ausgeschlüpft –
munter dir entgegenhüpft,
wird mit andern guten Dingen
dir Glück, Erfolg, Gesundheit bringen.

* * * *

Geburtstagskinder soll man lieben,
das steht zwar nirgendwo geschrieben,
doch voller Liebe schenken wir,
mit Glückwunsch diese Gabe dir!

Trinksprüche

Es geht in unser aller Leben
uns manchmal manches recht daneben.
Dann hilft uns dieser Spruch zum Siegen:
Wir lassen uns nicht unterkriegen!

* * * *

Sie sagen, ich lebe zu locker,
das bringe im Alter Gefahr.
Ach, ihr albernen Stubenhocker,
mein Leben bleibt doch, wie es war!
Lehrt eure trockene Tugend
dem nüchternen Geschlecht,
noch keiner starb in der Jugend,
der bis ins Alter gezecht.

Schön ist jede Sympathie,
köstlich das Behagen.
Wein und Bier und Harmonie
wärmen Geist und Magen.

* * * *

Das erste Glas, das trinke dir zum Besten,
das zweite auf das Wohl von Freunden, Gästen,
dann eins auf die, die dich beneiden,
dann aber: weitre Gläser meiden,
auch wenn sie noch so lockend blinken,
so wirst mit Enkeln du noch trinken!